copyright ©2018 CANTEMOS all rights reserved

Photographs by Ishrani Annamunthodoo
text by Georgette Baker

No photograph may be reproduced, copied, shared or inserted in any visual or electronic format without the written consent of the photographer.

Cantemos
http://www.cantemosco.com
jarjetb@writeme.com
909-239-2735

BICHOS Y MÁS

BUGS AND MORE

By Georgette Baker
photographs by Ishrani Annamunthodoo

This insect looks like a stick but has six legs. It can hold perfectly still on a branch. What is it?

Este insecto parece un palillo pero tiene seis piernas. Puede sostenerse perfectamente inmóvil en una rama. ¿Qué es?

STICK INSECT
(WALKING STICK)

This insect is long, thin, slow moving and looks like a twig.

INSECTO DE PALILLO

Este insecto es largo, delgado, de movimientos lentos y parece una ramita.

A type of walking stick camouflaged with moss lives in tropical places.

Un tipo de insecto palillo camuflado con musgo vive en lugares tropicales.

This tiny bug sucks the life out of plants and kills them.
Lady bugs love to eat them.

Este bicho pequeño chupa la vida de las plantas y las mata.
A las mariquitas les encanta comerlos.

APHID

Aphids may have no color or be green, black, brown or pink. They have soft bodies.

ÁFIDO

Los áfidos pueden ser verdes, negros, marones, rosados o descoloridos. Tienen cuerpos blandos.

Gardeners love to have these in the garden because they eat aphids.
What bug is it?

A los jardineros les encanta tener estos en el jardín porque comen áfidos.
¿Qué bicho es?

LADYBUG

These bugs are called by many names: Ladybird, Ladybug, and Lady beetle.

LA MARIQUITA

Estos bichos tienen varios nombres: la vaquita de San Antonio, la chinita, mariquita o mariquitilla y maruxiña.

This is NOT a gigantic mosquito, it is a kind of fly. It does not bite, it does not have a mouth and it does not eat. What is it?

Esto no es un mosquito gigantesco, es una especie de mosca. No muerde, no tiene boca y no come. ¿Qué es?

CRANE FLY

Crane flies are sometimes known as mosquito hawks. They do not eat EVER.

MOSCA GRUA

Las moscas grúa se conocen a veces como mosquitos halcones. NUNCA comen.

These very good fliers, many have iridescent colors. They have been on earth over 300 million years!

Estos son buenos aviadores, muchos tienen colores iridiscentes. ¡Han estado en la tierra más de 300 millones de años!

DRAGON FLY

LIBÉLULA

Considered a pest because their larva destroy crops like cotton. What is it?

¿

Considerado un necio porque la larva destruye los cultivos como el algodón. ¿Qué es?

Eight legs and more than four eyes and sometimes eight eyes, this creature is NOT a bug. Some spin webs. What is it?

Ocho patas y más de cuatro ojos y a veces ocho ojos, esta criatura no es un insecto. Algunas hacen telarañas. ¿Qué son?

SPIDERS

ARAÑAS

Wolf Spider

Crab Spider

Esta criatura parece un guzano. Tiene 12 ojos y seis patas. Se transforma en un insecto que puede volar.

This wormlike creature has 12 eyes and six legs. It changes into an insect that can fly.

CATERPILLAR

ORUGA

Related to the Yellow Jacket, this insect will sting a person OVER and OVER.

Relacionado con la chaqueta amarilla, este insecto picará a una persona varias veces.

BALD FACE HORNET

AVISPA CARA CALBA

Tiny and destructive, this insect looks like the spiky parts of plants which helps it hide and avoid being eaten by predators like birds or large insects.

Minúsculo y destructivo, este insecto se parece a las partes puntiagudas de las plantas que le ayudan a esconderse y a evitar ser comido por los depredadores como pájaros o insectos grandes.

LEAFHOPPER

SALTAHOJAS

A relative of the hopper lives underground as a larvae for 2-17 years and finally emerges as an adult.

Un pariente del satahojas vive bajo tierra como larva por 2-17 años y finalmente emerge como adulto.

CICADA

CHICHARRA

These bugs fold their front legs and appear to be "praying". They are related to termites and cockroaches.

Estos insectos doblan sus patas delanteras y parecen estar "rezando". Son relacionados a los termitas y las cucarachas.

PRAYING MANTIS

MANTIS REZADORA

BUMBLE BEE
ABEJA

ANT
HORMIGA

MOSQUITO
MOSQUITO

FLY
MOSCA